ຫຼິ້ນກິລາ

ຂຽນໂດຍ: ສຸກທະວີ ທູອງລາດ
ຮູບໂດຍ: ຄອນສະທັບ ແກ້ວແກ່ນຈັນ

Library For All Ltd.

ຫຼົບກິລາ

ຈັດພິມຄັ້ງທຳອິດໃນປີ 2019. ແປ ແລະ ຈັດພິມໃນ ສປປ ລາວ ປີ 2019.

ຈັດພິມໂດຍ: ອົງການ Library For All
ອິເມວ: info@libraryforall.org
URL: libraryforall.org

ປຶ້ມພາສາລາວເຫຼັ້ມນີ້ ຖຶກສະໜັບສະໜູນໂດຍການຮ່ວມມືຂອງ

ຮູບແຕ້ມຕົ້ນສະບັບໂດຍ ຄອບສະຫວັບ ແກ້ວແກ່ນຈັນ

ຫຼົບກິລາ
ສຸກທະວີ ຫຼວງລາດ
ISBN: 978-9932-09-086-0
SKU00882

ຂ້ອຍມັກຫຼິ້ນກິລາ.

ອັນຈັບຂ້ອຍຕິປິກໄກ່.

ວັນອັງຄານຂ້ອຍຂໍ້ລິດກຶບ.

ວັນພຸດຂ້ອຍລອຍນ້ຳ.

ອັນພະທັດຂ້ອຍເຕະກະຕັ້.

ວັນສຸກຂ້ອຍເຕະບານ.

ວັນເສົາຂ້ອຍໄປແລ່ນ.

ວັນອາທິດຂ້ອຍຫຼິ້ນຮັກບີ້.

ຂໍ້ມູນທາງບັນນາບຸກົມຂອງຫໍສະໝຸດແຫ່ງຊາດ

ສຸພາະວີ ທູວງລາດ

ຫຼິ້ນກິລາ 1 / ໂດຍ ສຸພາະວີ ທູວງລາດ. -- ວຽງຈັນ :
ມັກອ່ານ, 2020

21 ໜ້າ : ພາບປະກອບສີ ; 29 ຊມ
1.   ກິລາ -- ການລະຫຼິ້ນ
2.   ວັນນະກຳສຳລັບເດັກ
I.   ຊື່ເລື່ອງ

796 -- dc21
     ISBN 978-9932-09-086-0
     ເລກທະບຽນພິມຈຳໜ່າຍ: ຕາມທບ 169 ພຈ 23032020

ກ່ຽວກັບຜູ້ຂຽນ

ທ່ານມັກປຶ້ມເຫຼັ້ມນີ້ບໍ?

ທ່ານສາມາດອ່ານປຶ້ມແບບນີ້ໄດ້ເພີ່ມເຕີມ
ທີ່ຜະລິດໂດຍອົງການ Library For All

ອົງການ Library For All ຜະລິດສື່ການອ່ານ ທີ່ມີຄຸນນະພາບ
ເໝາະສົມກັບອັດທະນະທຳເພື່ອການສຶກສາ ໂດຍນຳໃຊ້ນະວັດຕະ
ກຳແອັບພິເຄຊັ່ນທ້ອງສະໝຸດແບບອົນລາຍ. ພວກເຮົາເຮັດວຽກຮ່ວມ
ກັບນັກຂຽນໃນທ້ອງຖິ່ນ, ຄູອາຈານ, ທີ່ປຶກສາດ້ານອັດທະນະທຳ,
ລັດຖະບານ ແລະ ອົງການຈັດຕັ້ງທີ່ບໍ່ຂຶ້ນກັບລັດຖະບານ
ເພື່ອມອບຄວາມສຸກຂອງການອ່ານໃຫ້ແກ່ເດັກນ້ອຍ ທຸກໆແຫ່ງ.

ມາອ່ານນຳກັບເຮາະ!
libraryforall.org